Fasten

mit

Gemüse

40 NEUE REZEPTE

benno

Den ersten Schritt machen

Segne, o Herr, die Speisen, die wir zu uns nehmen.
Damit wir dich noch stärker lieben und dir noch besser dienen können.
Im Namen des Vaters, des Sohnes und des Heiligen Geistes. Amen.

Vorwort

„Tu deinem Leib etwas Gutes, damit deine Seele Lust hat, darin zu wohnen". Das klingt leichter als es ist, gerade in der heutigen Zeit und nicht im vorindustriellen 16. Jahrhundert. Essen, wo es eben gerade noch in den hektischen Alltag passt, möglichst schnell, dabei aber gesund, das bleibt eine Herausforderung.

Doch die Fastenzeit lädt gerade durch die Einfachheit und den Verzicht dazu ein, einmal den Blick wieder zurück nach innen zu werfen und Jesus zu suchen. Die 40 leichten Gerichte kommen ganz ohne Fleisch aus und zeigen die Vielfalt, die in Gemüse steckt.

Nehmen Sie sich Zeit für den Weg hin zu Ostern und tun Sie sich und Ihrer Familie mit regelmäßigen vitamin- und nährstoffreichen Mahlzeiten etwas Gutes. Kurze Fastengebete vor und nach dem Essen zwischen den Rezepten laden dazu ein, das gemeinsame Ritual des Essens wieder wertzuschätzen und der Dankbarkeit Raum zu geben. In „Fasten mit Gemüse" können Sie über 60 Gemüsesorten entdecken und einfach nachkochen. Der Anhang des Buches erklärt kurz noch kleine Kniffe, die die Zubereitung erleichtern.

So kommen Farbe und Gesundheit auf den Teller. Starten Sie in eine wohltuende Fastenzeit für Körper und Seele.

Inhalt

Blumenkohl-Möhren-Topf mit Brunnenkresse

- 1 Blumenkohl
- 6 Möhren
- 150 ml Gemüsebrühe
- Brunnenkresse, Petersilie

Sauce:
- 2 TL Currypulver
- 2 geschnittene Schalotten
- 1 gewürfelter Apfel
- 2 EL Butter
- 2 EL Mehl
- 250 ml Gemüsebrühe
- 80 ml Kochsahne
- Salz

1. Die Butter in einem Topf zerlassen und die Schalotten darin glasig anschwitzen. Anschließend das Mehl darüberstreuen, kurz mit anschwitzen, dann die Äpfel sowie das Currypulver zugeben und gut durchrühren.
Mit der heißen Brühe ablöschen, dann mit der Milch aufgießen und für ca. 10 min köcheln lassen bis die Äpfel weich sind. Nun die Sauce fein pürieren, die Sahne unterrühren und nochmals leicht erhitzen.

2. Blumenkohl in kleine Röschen zupfen und waschen. Möhren waschen, schälen und in kleine Würfel schneiden. Das Gemüse in Salzwasser bissfest köcheln lassen und abgießen. 100 ml Salzwasser auffangen.

3. Fertiges Gemüse, Salzwasser und Sauce miteinander mischen und mit Curry nachwürzen.

4. Dazu passen Reis oder Kartoffeln. Je nach Geschmack noch mit frischer Petersilie oder Brunnenkresse dekorieren.

Rote-Bete-Avocado-Salat-Türmchen

- 2 Knollen Rote Bete
- 1 Avocado
- Joghurt-Dressing (Seite 59)
- 1 Handvoll Kresse
- 100 g Himbeeren
- 1 TL Honig

1. Die Rote Bete ca. 25 min kochen, bis diese bissfest ist.

2. Die Avocado schälen und in Scheiben vom Kern herunterschneiden. Die abgekühlten Rote-Bete-Knollen in Scheiben schneiden und abwechselnd mit der Avocado zu zwei Türmchen stapeln.

3. Aus den Himbeeren und dem Honig eine süße Sauce pürieren. Die Kresse waschen.

4. Das Joghurt-Dressing und die süße Sauce vorsichtig über die Türmchen tröpfeln lassen. Die Kresse obenauf platzieren.

⟫⟶ Tipp:

Dieser Salat ist eine süße Option. Sollten Sie an diesem Fastentag lieber auf Süßes verzichten wollen, können Sie die süße Sauce auch weglassen oder durch ein anderes Topping wie gemischte Kerne ersetzen.

Grüne-Erbsen-Zuckerschotensuppe mit Basilikum und Quinoa

- 2 EL Olivenöl
- 2 kleine Schalotten, geschält + geschnitten
- 1 kg Erbsen
- 150 ml Gemüsebrühe
- 2 Stängel Basilikum
- 200 g Quinoa
- 150 g Zuckerschoten
- etwas Schmand
- Salz, Pfeffer, Zucker

1. Schalotte in Olivenöl anschwitzen, dann alle Erbsen hinzugeben. Weitere 5 min mit 1 Prise Zucker anschwitzen. Dann mit der Gemüsebrühe ablöschen und bei geschlossenem Deckel 10 min köcheln lassen. Basilikum dazugeben und pürieren. Nach Geschmack mit noch etwas Schmand, Salz und Pfeffer abschmecken. Beiseitestellen.

2. Zuckererbsen und Quinoa in Salzwasser 8 min bissfest garen. Abgießen und dann beides mit Knoblauch in einer Pfanne kurz anbraten.

3. Suppe mit Zuckererbsen-Quinoa-Einlage servieren. Frisches Basilikum als Garnitur darüber verteilen.

Letscho

- Olivenöl
- 2 Zwiebeln
- 2 Knoblauchzehen
- 3 Paprikaschoten
- je 2 EL Paprikapulver
  (edelsüß und scharf)
- Salz, Pfeffer
- 1 kg Tomaten
- 3 EL Tomatenmark
- 1 Zucchini
- 1 Aubergine
- Thymian, Oregano
- 3 Kartoffeln

1. Zwiebeln und Knoblauch schälen und würfeln. Paprika entkernen und in Streifen schneiden. Auberginen putzen und würfeln. Zucchini in Scheiben schneiden. Kartoffeln ebenfalls in Scheiben schneiden.

2. Tomaten für ca. 2 min in heißes Wasser legen, häuten und in kleine Stücke schneiden.

3. Zwiebeln und Knoblauch in Öl glasig andünsten. Paprika, Auberginen und Zucchini hinzufügen und weitere 5 min braten. Kartoffeln, Gewürze und Tomatenmark hinzugeben. Nach 2–3 weiteren Minuten Tomaten und 500 ml Wasser zufügen. Ca. 15 min köcheln. Nochmals abschmecken und sofort servieren.

Grüner-Spargel-Quiche mit Hirtenkäse und Schnittlauchstrauß

Boden:

- 190 g Dinkelvollkornmehl
- 90 g Margarine oder kalte Butter
- 50 ml Sprudel
- Salz

Belag:

- 750 g frischer grüner Spargel
- 200 g Hirtenkäse
- 2 Sträuße frischer Schnittlauch
- 4 Eier
- 200 ml Schlagsahne
- 100 g Schmand
- Muskat, Salz, Pfeffer

1. Mehl mit Salz vermischen, kalte Margarine oder Butter mit Wasser untermengen und nur kurz zu einem Teig durchkneten. Mindestens 30 min kaltstellen.

2. Eingefettete Form mit Teig auslegen und 20 min bei 160° C Umluft blindbacken.

3. Den grünen Spargel kurz abwaschen und ggf. trockene Enden unten abschneiden, dann 4–5 min in einer Pfanne rundherum mit etwas Öl rösten. Beiseitestellen.

4. Für die Füllung Hirtenkäse würfeln, Eier mit Schlagsahne gut aufschlagen, Schmand und gewürfelten Hirtenkäse unterheben. Mit Pfeffer und Muskat, ggf. auch mit ein wenig Salz, abschmecken. Einen Schnittlauchstrauß kleinhacken und unter die Füllung heben.

5. Füllung auf blindgebackenen Teig geben. Den Spargel „einlassen" und bei 160 °C weitere 15 min backen. Die letzten 5 min je nach Geschmack vom zweiten Schnittlauchstrauß Halme mit Blüten einlegen. Wer möchte, kann sogar den ganzen Strauß hineinlegen.

6. Lauwarm servieren. Dazu passt ein Gurkensalat mit Zwiebeln.

Tomatencremesuppe mit Crunch

- 1 kg frische Tomaten (oder 1 Dose geschälte Tomaten)
- 1 Zwiebel
- 1 Knoblauchzehe
- 2 EL Olivenöl
- 250 ml Brühe
- 150 g Sahne
- Salz
- Pfeffer
- 1 TL Zucker/Honig
- 1 Bund Basilikum

1. Die Tomaten waschen, für ca. 2 min in heißes Wasser legen, und häuten. Zwiebel und Knoblauch fein würfeln.

2. Zwiebel und Knoblauch im heißen Öl glasig dünsten. Tomaten und Brühe zugeben und 5 min kochen lassen. Alles pürieren und eventuell durch ein Sieb streichen.

3. Die Sahne halb steif schlagen und unterrühren. Nun die Suppe aufkochen und mit Salz, Pfeffer und Zucker abschmecken. Mit frischem Basilikum bestreut servieren.

⇒ Tipp

Für leckeren Crunch in der Suppe 4 Vollkorn-toastscheiben mit Olivenöl bestreichen, leicht salzen und ca. 10 min im Back-ofen bei 160 °C backen. Danach würfeln und noch-mals etwas mit Olivenöl beträufeln.

Champignon-Frühlingssalat

- 400 g Champignons
- 4 hartgekochte Eier
- 200 g blaue und grüne
  Weintrauben ohne Kerne
- 50 g ganze Haselnusskerne

Für die Curry-Mayonnaise:

- 1 große Orange
- 150 g Vollmilchjoghurt
- 100 g Salatmayonnaise
- 1 EL Currypulver
- Salz
- Zucker
- Zitronenmelisse- oder
  Petersilienblättchen

1. Champignons putzen, evtl. mit Küchenpapier ab-
reiben, abspülen, gut abtropfen lassen und in Scheiben
schneiden.

2. Eier schälen und in Achtel schneiden, Weintrauben
gründlich waschen, abtrocknen und halbieren. Haselnüsse
grob hacken.

3. Für die Curry-Mayonnaise Orange halbieren und
auspressen. Joghurt mit Mayonnaise, Orangensaft und
Currypulver verrühren, mit Salz und Zucker abschmecken.

4. Die Zutaten mit der Currymayonnaise in einer
Schüssel locker miteinander vermengen. Kräuterblättchen
abspülen und trocken tupfen und den Salat mit den Blätt-
chen garnieren.

Ostern entgegen-gehen

~~~~~~

Jesus, auch du bist durch die Wüste gezogen und hast Verzicht geübt.
Segne unser Mahl und begleite uns auf der Suche nach neuer Kraft
auf dem Weg nach Ostern. Amen.

~~~~~~

Schnelle Nudelsuppe

- 3 Stangen Lauch
- 1 kleiner Kohl
- 60 g Butter
- 1 Brühwürfel
- 6 Kartoffeln
- 1 Tasse kleine Nudeln
- 500 ml Milch
- Salz
- Pfeffer
- Petersilie
- Parmesan

1. Lauch und Kohl putzen und in feine Streifen schneiden. Anschließend bei schwacher Hitze in Butter anbraten.

2. 1,5 l Wasser, Brühwürfel und gewürfelte Kartoffeln zugeben. Aufkochen, 30 min köcheln lassen.

3. In einem anderen Topf die Nudeln garen, abtropfen lassen.

4. Nudeln, Milch, Salz, Pfeffer und gehackte Petersilie in die Suppe geben. Aufkochen lassen, einige Minuten köcheln. Heiß mit Parmesan bestreut servieren.

Bunte Frühlings-Bowl

- 1 Avocado
- 6 Radieschen
- 4 Kugeln Rote Bete vorgekocht
- 1 gelbe Paprika
- 1 Handvoll Walnüsse
- 1 Dose Kichererbsen
- ½ Stück Feta
- 6 Kirschtomaten
- 1 rote Zwiebel
- gemischter Salat
- 4 EL Sesamöl
- 4 EL Sojasauce
- 1 EL Zitronensaft
- Weißer Sesam zur Dekoration

1. Das Gemüse waschen und kleinschneiden in Würfel bzw. Scheiben. Die Walnüsse grob hacken. Den Salat waschen und ganze Blätter unten als Bett in die Teller legen.

2. Das Gemüse in kleinen Grüppchen auf den Tellern platzieren.

3. Aus dem Öl, der Sojasauce und dem Zitronensaft das Dressing herstellen und die Salate fein damit beträufeln. Am Schluss mit weißem Sesam bestreuen.

 Tipp

Kichererbsen aus der Dose sind schon vorgegart, dennoch sind sie nicht so leicht verdaulich. Wer möchte, kann diese noch 4 min in ein wenig Salzwasser weitergaren und dann erst dem Salat hinzufügen. Die Rote Bete kann natürlich auch frisch und lauwarm dazugegeben werden.

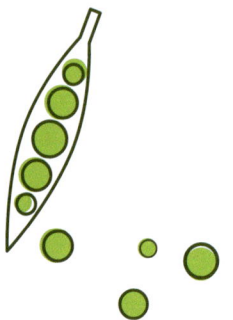

Bohnenliebe-Eintopf

- 300 g Bohnen, weiße
- 200 g Bohnen (Buschbohnen)
- 200 g Bohnen (gelbe Wachs-bohnen)
- 200 g Kidneybohnen
- 1 Paprikaschote, gelb
- 1 Zwiebel
- 2 EL Olivenöl
- 2 TL Kräuter der Provence, getrocknet
- 700 ml Gemüsebrühe
- 400 g Tomaten, stückig
- Salz und Pfeffer

1. Die Bohnen, bis auf die weißen, waschen. Das Gemüse putzen und waschen. Die Zucchini grob klein schneiden. Paprika und Zwiebel grob klein schneiden.

2. Öl im Schnellkochtopf erhitzen, die Zwiebel anschwitzen, Kräuter dazugeben. Mit Gemüsebrühe ablöschen. Die weißen Bohnen abgießen, abbrausen und in den Topf geben. Den Topf schließen und bei großer Hitze kurz aufkochen lassen. Anschließend runterschalten und bei kleiner Hitze 20 min den Topf köcheln lassen.

3. Alles restliche Gemüse und die Tomaten dazugeben. Im geschlossenen Topf weitere 7 min köcheln lassen. Danach mit den Gewürzen abschmecken und heiß servieren.

>>>→ Tipp:

Die weißen Bohnen am Vortag einweichen!

Familienfreundlicher Gemüse-Vollkorn-Kuchen

Boden:

- 190 g Dinkelvollkornmehl
- 90 g Margarine oder kalte Butter
- 50 ml Sprudel
- Salz

Belag:

- 1 Zwiebel
- 2 Möhren
- 1 gelbe Paprika
- 1 rote Paprika
- 1 Stange Lauch
- 1 TL Rapsöl
- 5 große Eier
- 30 g Parmesan
- 100 ml fettarme Milch
- 2 EL gehackte Petersilie
- Salz, Pfeffer, Muskat

1. Mehl mit Salz vermischen, kalte Margarine oder Butter mit Wasser untermengen und nur kurz zu einem Teig durchkneten. Mindestens 30 min kaltstellen.

2. Eingefettete Form mit Teig auslegen und 20 min bei 160 °C Umluft blindbacken.

3. In der Zwischenzeit Zwiebel schälen und würfeln, ebenso wie die Möhren. Paprika entkernen und würfeln, Lauch längs aufschneiden und waschen, dann in Ringe schneiden. Gemüse mit etwas Öl in einer Pfanne ca. 10 min anbraten.

4. Milch, Parmesan, Petersilie und Gewürze aufquirlen. Erst die Gemüsemischung, dann den Guss auf die vorgebackene Tarte geben und noch einmal 30 min backen.

Hirse-Topf mit Gemüse

- 750 g Gemüse der Saison
  (z. B. Paprika, Zucchini,
  Kürbis, Karotten, Erbsen, Knob-
  lauch, Lauch)
- 2 EL Rapsöl
- Oregano
- Rosmarin
- Basilikum
- Thymian
- Koriander
- 800 ml Wasser
- 250 g Hirse
- Salz
- 450 ml Gemüsebrühe
- Petersilie

4x

→→→ Tipp:

Das Gericht kann mit Walnüssen,
Pinienkernen, Sonnenblumenkernen
etc. verfeinert werden.

1. Gemüse waschen und putzen. Gemüsesorten, die länger zum Garen brauchen, eher kleiner schneiden. Öl in einer großen Pfanne erhitzen. Das Gemüse darin kurz anbraten.

2. Reichlich Gewürze und getrocknete Kräuter hinzufügen und unter Rühren kurz mitbraten. Mit dem Wasser ablöschen.

3. Die Hirse hinzugeben und nach Packungsanleitung garen. Falls nötig, weiteres Wasser hinzufügen. Mit Salz abschmecken.

4. Das Gemüse-Hirse-Gericht in Teller geben und die warme Brühe darübergießen, mit Petersilie bestreuen und servieren.

Wichtig: Einige Hirsearten benötigen nach dem Kochen Zeit zum Nachquellen. Daher immer nach der Verpackung richten.

Petersilienwurzelsuppe mit Graupen- und Steckrübeneinlage

- 250 g Petersilienwurzel
- 50 g Butter
- 1,25 l Gemüse- oder (Hühner-)brühe
- 150 ml Sahne
- 150 g Graupen (mittel)
- 1 Steckrübe
- 4 Scheiben Baguette
- 2 EL Olivenöl
- Salz, Pfeffer

1. Die Petersilienwurzeln schälen und in 1 cm dicke Scheiben schneiden. Die Petersilienwurzeln in einem Topf mit etwas Butter anschwitzen, danach mit Wein ablöschen und etwas dünsten lassen. Die Brühe mit der Sahne vermischen und zur Suppe geben.

2. Graupen nach Packungsanweisung kochen und abschließend gut abspülen. Die Steckrübe schälen und würfeln und ca. 8 min in Salzwasser garen.

3. Währenddessen die Suppe nach Geschmack würzen und 10 min köcheln lassen. Anschließend pürieren und kurz aufkochen lassen. Mit dem Pürierstab etwas aufschäumen.

4. Das Weißbrot in Würfel schneiden und in Öl kross anrösten.

5. Am Schluss alle Einlagen inklusive der fertigen Croutons über die Suppe geben.

Knackiger Brokkolisalat

- 100 g Bulgur
- ½ Gurke
- 1 Brokkoli
- 250 g Cocktailtomaten
- 100 g Feta
- 50 g Cashewnüsse
- Essig-Öl-Dressing (Seite 58)

1. Den Bulgur nach Packungsanleitung kochen. Die Gurke waschen und würfeln.

2. Den Brokkoli putzen und in möglichst kleine Röschen teilen. Den Feta-Käse in ca. 1 cm kleine Würfel schneiden. Brokkoli und Feta-Käse in eine Salatschüssel geben.

3. Nun das Dressing mischen: Öl, Olivenöl, Essig, Honig, Senf, Salz und Pfeffer in einem leeren Marmeladenglas schütteln und über den Brokkoli gießen, durchmischen. Nun soll der Brokkoli über Nacht im Kühlschrank durchziehen.

4. Am nächsten Tag den Brokkoli abwechselnd mit allen anderen Zutaten außer den Nüssen schichten. Mit Cashewnüssen bestreuen.

➤➤➤ **Tipp:**

Sie können diesen Salat auch durchziehen lassen. Durch das Ziehen im Dressing wird der Brokkoli weich und bekommt eine wunderbare leuchtend grüne Farbe und einen geringeren Kohlgeschmack. Als Topping können Sie auch geschälte Haselnusskerne verwenden.

Frühlings-Minestrone mit buntem Gemüse

- 200 g Nudeln
- 300 g Staudensellerie
- 2 Dosen weiße Bohnen
- 300 g Cherrytomaten
- 4 Frühlingszwiebeln
- 2 Zucchini
- 1 Zwiebel
- 1 Paprika, gelb
- 4 Knoblauchzehen
- 2 Lorbeerblatt
- Thymian
- 2 l Gemüsebrühe
- Olivenöl
- Pfeffer, Salz

1. Sellerie waschen und in Würfel schneiden, Zwiebel häuten und ebenfalls in Würfel schneiden, Frühlingszwiebeln in kleine Scheiben schneiden und den Knoblauch pellen und hacken.

2. In einem Kochtopf auf mittlerer Hitze Olivenöl erhitzen. Das eben geschnittene Gemüse hineingeben und für ca. 10 min anschwitzen. Die Paprika in grobe Würfel schneiden. Bohnen abgießen und gut abspülen.

3. Bohnen, Paprika, Nudeln, Lorbeerblatt und Thymian in den Topf geben, mit der Brühe aufgießen und für weitere 15 min köcheln lassen.

4. Die Zucchini waschen, und in kleine Würfel schneiden. Die Tomaten waschen, schneiden. Beides in den Topf geben und erneut für 10 min köcheln lassen. Zum Schluss noch mit Salz und Pfeffer abschmecken.

6x

Frische Schupfnudel-Pfanne an Limetten-Chili-Salat

- 600 g Schupfnudeln
- 1 Zwiebel
- 200 g Zuckerschoten
- 150 g Kirschtomaten
- 200 g Tofu, geräuchert
- Bohnenkraut
- Majoran
- Pflücksalat
- Chiliöl
- 2 Limetten
- Zucker, Pfeffer, Salz

1. In einer Pfanne Schupfnudeln goldbraun braten. In einer zweiten Pfanne die Zwiebel- und Tofuwürfel anbraten, herausnehmen. In der zweiten Pfanne Zuckerschoten und Kirschtomaten kurz 3–4 min anbraten. Alles in die erste Pfanne geben, mit Bohnenkraut und Majoran bestreuen und warmhalten.

2. Aus Chiliöl oder einem Viertel frischer Chilischote und Limettensaft sowie einem Schuss Wasser und den Gewürzen das Dressing für den Salat herstellen.

3. Den Salat waschen und mit dem Dressing zur Schupfnudel-Pfanne servieren.

Dillsuppe

- 500 g Kartoffeln
- 500 g Karotten
- 1 Bund Dill
- 1,5 l Gemüsebrühe
- 1 Zwiebel
- 1 EL Kurkuma und
  1 EL Paprika, Salz, Pfeffer
- Öl

1. Zwiebeln schälen und klein schneiden. In einem Topf mit Öl andünsten.

2. Kartoffeln würfeln und Karotten in Scheiben schneiden. 2–3 min mitbraten. Gewürze zugeben und mitrösten.

3. Mit Brühe ablöschen und 10 min köcheln.

4. Dill waschen und klein hacken. Zu der Suppe hinzufügen und noch weitere 5 min köcheln. Mit Salz und Pfeffer abschmecken.

4x

Kalter Gurken-Radieschen-Eintopf

- 1 Bund Radieschen
- 1 Salatgurke
- 1 Bund Dill
- 2 Lauchzwiebeln
- Salz, Pfeffer, 2 EL Ahornsirup, 2 EL Balsamico
- 1l Gemüsebrühe
- Croutons
- 1 Ei

1. Gemüsebrühe aufkochen. Dill hacken und zusammen mit dem Ahornsirup hinzugeben. Alles abkühlen lassen.

2. Radieschen putzen und in dünne Spalten schneiden. Die Gurke grob raspeln. Lauchzwiebeln in feine Ringe schneiden. Alles in die kalte Suppe geben. Mit Balsamico, Salz und Pfeffer abschmecken. Mit Croutons servieren.

3. Je nach Geschmack noch 1 gekochtes Ei halbiert in die Suppe geben.

Erbsen-Möhren-Tofu-Wok

- 2 Zwiebeln
- 5 Stangen Staudensellerie
- 4 EL Öl
- 300 g Erbsen
- 500 g vorwiegend festkochende Kartoffeln
- 200 g Karotten
- 2 TL getrockneter Majoran
- 1½ EL gekörnte Gemüsebrühe
- Salz, Pfeffer

Für die Tofu-Frühlings-zwiebel-Mischung:

- 300 g Bio-Räuchertofu
- 1 Bund Frühlingszwiebeln
- 2 Knoblauchzehen
- 4 EL helle Sojasauce
- 3–4 EL Rotweinessig

1. Die Zwiebeln und Selleriestangen waschen, putzen und fein schneiden. Die Zwiebeln in 2 EL Öl andünsten. Den Sellerie dazugeben und kurz mitdünsten. Die Erbsen hinzufügen und 1,3 l Wasser angießen. Alles aufkochen und zugedeckt bei schwacher Hitze 40 min köcheln lassen.

2. Die Kartoffeln und Karotten schälen und schneiden. Beides mit dem Majoran, der Brühe und etwas Salz zu den Erbsen geben und zugedeckt weitere 20 min köcheln lassen.

3. Inzwischen den Tofu würfeln. Die Frühlingszwiebeln putzen, waschen und in Ringe schneiden. Restliches Öl in einem Wok erhitzen und den Tofu anbraten. Frühlingszwiebeln dazugeben und kurz mitbraten. Den Knoblauch schälen und pressen. Mit Sojasauce und 2 EL Essig ablöschen und einkochen.

4. Zwei Drittel der Tofu-Frühlingszwiebel-Mischung unter das Erbsengemüse rühren. Mit Salz, Pfeffer und Essig abschmecken. Mit dem restlichen Tofu servieren.

Zucchini-Lauch-Tartelettes mit zweierlei Käse

Boden:

- 300 g Mehl
- 2 EL Gouda
- 1 TL Salz
- 150 g Butter
- 2 Eigelb
- Wasser
- Pfeffer
- 8 Tartelettes (Fertigprodukt)

Belag:

- 4 Eier
- 350 ml Kochsahne
- 1 Bund frischer Basilikum, fein gehackt
- 1 Zucchini, klein gewürfelt
- 3 Frühlingszwiebeln, in Ringe geschnitten
- 50 g Gorgonzola oder Ziegenfrischkäse
- Muskat
- 4 EL Gouda

Salat:

- 200 g Feldsalat
- ½ Zitrone, ausgepresst
- 2 EL Olivenöl

1. Die Tartelettes können selbst hergestellt werden: Dafür 300 g Mehl, 2 EL Gouda, 1 TL Salz, etwas Pfeffer und 150 g Butter in Stückchen in eine Schüssel geben. Alles zügig mit den Händen zu feinen Krümeln verreiben. Dann die beiden Eigelbe und 5 EL sehr kaltes Wasser zugeben und zu einem glatten Teig verkneten. Zu einem Rechteck formen und 1 Stunde kaltstellen. Bei wenig Zeit können Sie die Tartelettes auch kaufen, achten Sie darauf, dass Sie nicht für süße Füllungen gedacht sind.

2. Den Backofen auf 160 °C vorheizen. Den Teig ausrollen. Mit einem größeren Glas 8 Teigkreise ausstecken und in ausgefettete Förmchen oder feuerfeste Schalen drücken. Teigboden mit einer Gabel einstechen und Tartelettes 8 min blindbacken.

3. Währenddessen die Eier mit der Kochsahne verquirlen und mit Muskat abschmecken. Das gehackte Basilikum und die Frühlingszwiebeln unterheben. Die Zucchini fein würfeln und kurz fettfrei 3 min in der Pfanne anbraten. Den Käse würfeln.

4. Den Käse und die Zucchini auf den Tartelettes verteilen und mit Eiermischung übergießen. Zum Schluss noch einmal mit dem restlichen Gouda bestreuen.

5. Ca. 15 min bei 180 °C backen und lauwarm an mit Zitronensaft und Öl angemachtem Feldsalat genießen.

4x

Apfel-Karotten-Salat mit Frühlingsdip

- 3 große Karotten
- 1 Apfel
- eine Handvoll Sonnenblumenkerne

Für das Dressing:

- 150 g Quark
- etwas Milch
- Schnittlauch, Petersilie, Dill
- Frühlingszwiebel
- Salz, Pfeffer
- Zitronensaft

1. Die Karotten und den Apfel schälen und kleinreiben.
2. Die Sonnenblumenkerne ohne Öl in einer Pfanne unter ständigem Rühren anrösten.
3. Für das Dressing Quark mit etwas Milch glattrühren. Schnittlauch, Petersilie, Dill und Frühlingszwiebel kleinschneiden und unterrühren. Mit Salz, Pfeffer und Zitronensaft abschmecken.

Lauchzwiebelsuppe

- 2 Bd. Lauchzwiebeln
- 1 EL Butter
- 1 l Gemüsebrühe
- Salz
- Pfeffer
- 4 Scheiben Toastbrot
- 4 Scheiben Appenzeller
- Petersilie

1. Die Zwiebeln abziehen und in schmale Ringe schneiden.

2. In einem Topf in geschmolzener Butter andünsten. Brühe aufgießen, würzen und 10 min bei mittlerer Hitze köcheln lassen.

3. Inzwischen Brot und Käse entrinden. Suppe in große Suppentassen füllen, mit je einer Scheibe Brot und Käse belegen und im vorgeheizten Ofen bei 200 °C etwa 10 min überbacken.

4. Mit gehackter Petersilie bestreut servieren.

Die Schöpfung wertschätzen

~~~~~

Guter Gott, wir danken dir für alle deine Früchte der Erde.
Für die Vielfalt preisen wir dich. Segne dieses Essen und
mach uns zuversichtlich und dankbar auch durch dein Wort. Amen.

~~~~~

Ratatouille

- 250 g Zucchini
- 1 Aubergine
- 400 g Tomaten
- 2 kleine Zwiebeln
- 1 Paprika, rot
- 1 Paprika, gelb
- 1–2 Knoblauchzehen
- 2 Stiele Basilikum
- 3 Stiele Thymian
- 3 Stiele Oregano
- 1–2 Zweige Rosmarin
- 3–4 EL Olivenöl
- 2 EL Tomatenmark
- 100–150 ml Gemüsebrühe
- Salz, Pfeffer
- Petersilie

1. Zucchini und Aubergine in Würfel schneiden. Paprika aufschneiden, Kerne entfernen und in Stücke schneiden. Tomaten für ca. 2 min in heißes Wasser legen, danach die Haut abziehen, klein schneiden.

2. Knoblauchzehen fein hacken, Zwiebeln halbieren und in Ringe schneiden. Beides in den Topf geben und in Olivenöl andünsten. Paprika dazugeben und etwas mitschmoren. Übriges Gemüse, Tomatenmark und gehackte Kräuter hinzugeben und kurz andünsten. Alles gut miteinander vermengen und die Brühe hineingießen.

3. Mit Salz und Pfeffer abschmecken, gehackte Kräuter hinzugeben. Ca. 10 min kochen. Jetzt die Tomaten hinzufügen und in ca. 15–20 min alles bissfest garen. Mit Petersilie bestreuen und servieren.

4x

Schwarzwurzelcremesuppe

- 500 g Schwarzwurzeln
- 150 g Kartoffeln
- 1 EL Mehl
- 2 EL Essig
- 3 Schalotten
- 1 EL Öl
- 1 l Gemüsebrühe
- Salz
- Pfeffer
- 125 ml Sahne
- Schnittlauch

1. Schwarzwurzeln und Kartoffeln schälen, in grobe Stücke schneiden und in mit Essig und Mehl vermischtes kaltes Wasser legen. Schalotten fein würfeln.

2. Öl in einem Topf erhitzen, Schalotten darin glasig dünsten. Abgespültes Gemüse zugeben. Mit Brühe auffüllen, 30 min leise kochen.

3. Die Suppe pürieren und durch ein Sieb streichen. Mit Salz und Pfeffer würzen.

4. Kurz vor dem Servieren erneut aufkochen und geschlagene Sahne unterziehen. Mit Schnittlauchröllchen bestreut servieren.

 **Tipp**

Rollen Sie die Zitrone vor dem Auspressen unter der flachen Hand hin und her, so gibt sie mehr Saft.

Erdnusstopf mit Kichererbsen

- 2 Auberginen
- 2 Dosen Kichererbsen
- 2 Dosen Tomaten (gestückelt)
- 1 EL (flach) Salz
- ca. 100 g Tomatenmark
- 3–4 EL Erdnussbutter
- 4 Zwiebeln
- 2 l Gemüsebrühe
- 4 EL Sahne
- 1 Stück Ingwer (4–5 cm lang)
- Chilipulver, Kreuzkümmel, Koriander, Salz

1. Auberginen waschen, würfeln, salzen und mit Öl beträufeln. Alles ca. 15 min im Backofen bei 200 °C garen.

2. Zwiebeln fein würfeln und Ingwer reiben. In der Pfanne Zwiebeln 3–4 min andünsten, danach Ingwer und Gewürze zugeben und noch 2–3 min braten. Tomatenmark und Tomaten in die Pfanne geben und ca. 5 min bei mittlerer Hitze dünsten.

3. Inhalt aus der Pfanne in einen Topf geben, Auberginen zufügen und mit Brühe ablöschen. 15 min kochen. Danach abgetropfte Kichererbsen zugeben. Ein bisschen Flüssigkeit abschöpfen, mit Erdnussbutter gut vermischen. Sahne zugießen.

4. Alles gut verrühren und in die Suppe geben. Noch ca. 10 min bei kleiner Hitze kochen. Eventuell nochmals abschmecken.

Brokkoli-Käse-Suppe

- 300 g Brokkoli
- 2 Eigelb
- 500 ml Brühe
- 2 EL Kartoffelpüreepulver
- 200 g Schmelzkäsecreme
- Salz
- Pfeffer
- geriebene Muskatnuss
- 1 Scheibe Toast
- etwas Butter

1. Brokkoli waschen, putzen und in Röschen teilen, in der Brühe bissfest garen.

2. Einige Röschen beiseitelegen. Den restlichen Brokkoli in der Brühe pürieren, das Kartoffelpüreepulver einstreuen und aufkochen lassen. Den Topf vom Herd nehmen.

3. Eigelb und Schmelzkäse einrühren, bis der Käse geschmolzen ist. Anschließend die Suppe mit den Gewürzen abschmecken.

4. Den Toast würfeln, in der Butter goldbraun anbraten. Die restlichen Brokkoliröschen in der Suppe erwärmen. Mit den gerösteten Toastwürfeln servieren.

Quinoasalat mit Cashewnüssen und Granatapfel

- 160 g Quinoa, trocken
- Salz
- Pfeffer
- 2 Knollen Kohlrabi
- 250 g Salatmischung
- 20 g Cashewnüsse
- 50 g Granatapfelkerne

Für das Dressing:
- 1 TL Olivenöl
- 4 EL Zitronensaft
- 75 ml Gemüsebrühe, zubereitet
- 1 EL Minze, gehackt
- 1 TL Agavendicksaft
- ½ TL Senf, klassisch

1. Quinoa nach Packungsanweisung in Salzwasser garen und ca. 10 min abkühlen lassen. Kohlrabi schälen und in feine Stifte schneiden. Salat waschen und trocken schleudern.

2. Cashewnüsse hacken und ohne Öl in einer Pfanne auf mittlerer Stufe 2–3 min rösten.

3. Für das Dressing Öl, Zitronensaft, Brühe, Minze, Agavendicksaft, Senf, Salz und Pfeffer verrühren.

4. Quinoa mit Kohlrabistiften, Salat und Dressing vermischen, mit Salz und Pfeffer abschmecken und mit Cashewnüssen und Granatapfelkernen bestreuen.

4x

Dreierlei Gnocchi an Salbei-Parmesan-Sauce

Teig:

- 600 g Kartoffeln, mehligkochend
- 200 g vorgegarte, vakuumierte Rote Bete
- 150 g Parmesan
- 50 g Basilikum
- Salz, Pfeffer, Muskat
- 300 g Mehl
- 3 Eier
- etwas Kartoffelstärke

Sauce:

- 250 ml Milch
- 1 EL Mehl
- 1 EL Butter
- 2 Zweige Salbei

1. Kartoffeln in der Schale kochen.

2. Währenddessen die Rote Bete fein pürieren, in ein altes, sauberes Küchentuch auf ein Sieb geben und den Saft vorsichtig auspressen. Basilikum fein hacken. Parmesan fein reiben.

3. Kartoffeln abgießen, pellen, noch heiß in einer großen Schüssel zerdrücken. Kartoffelmasse in 3 gleichgroße Portionen aufteilen und in Schalen geben.

4a. Rote Bete zu der ersten Schale heiße Kartoffeln geben und die Masse würzen.

4b. ⅓ des Mehls und 1 Ei hinzufügen, alles mit den Händen verkneten bis ein glatter, leichter Teig entstanden ist. Je nach Kartoffelart und deren Stärkegehalt ist es nötig, evtl. noch ca. 20 g mehr Mehl dazuzugeben.

5. In die zweite Schale heiße Kartoffeln das gesamte Basilikum hinzugeben und würzen. Dann genauso verfahren wie bei 4b.

6. In die dritte Schale heiße Kartoffeln und 75 g des Parmesans hinzugeben und würzen. Dann genauso verfahren wie bei 4b.

7. Aus den Massen jeweils in Mehl eine lange Schlange rollen und dann in kleine Portionen schneiden, mit der Gabel einmal kurz plattdrücken. Alle Gnocchisorten einzeln in Salzwasser kochen, es kann das gleiche Wasser verwendet werden, aber kochen Sie dann die Rote-Bete-Gnocchi zum Schluss.

8. Zum Schluss für die Mehlschwitze Butter erhitzen und Mehl einrühren bis dieses leicht braun ist, dann mit der Milch ablöschen und einkochen. Parmesan einrühren und Salbeiblätter darin einlegen. Wenn möglich, die Sauce noch ein paar Minuten ziehen lassen. Dann an den Gnocchi servieren und mit Basilikum garnieren.

Eintopf mit Mangold und Roter Bete

- 1 Zwiebel
- 2 Knoblauchzehen
- 250 g Kartoffeln, geschält und gewürfelt
- 220 g Rote Bete (ca. 3–4 Rüben)
- 3 große Mangoldstiele mit Blättern
- 200 g Seitan oder Tofu
- 400 ml Gemüsebrühe
- ½ TL Salz
- 2 Stängel Rosmarin, frisch
- Salz, Pfeffer
- 2 EL Zitronensaft, frisch

1. Zwiebeln würfeln und den Knoblauch fein hacken. Kartoffeln schälen und in etwa 3–4 cm große Würfel schneiden. Rote Bete waschen, schälen und würfeln, Mangold waschen und zerkleinern.

2. Zwiebeln und Knoblauch in einem Topf mit etwas Öl andünsten. Mangold, Rote Bete, Kartoffeln und Gemüsebrühe in den Topf geben und zum Kochen bringen. Auf niedriger bis mittlerer Stufe 20–30 min köcheln lassen.

3. Währenddessen den Seitan/Tofu in ca. 3 cm große Würfel schneiden und die zweite Knoblauchzehe fein hacken. Beides zusammen mit dem Rosmarin kurz in einer Pfanne knusprig anbraten, anschließend in den Topf geben.

4. Zum Schluss den Zitronensaft einrühren und mit Salz und Pfeffer abschmecken.

4x

Bärlauchsuppe

- 2 Hände voll Bärlauch
- 1 Zwiebel
- 2 EL Butter
- 50 g Dinkelmehl
- 1 l Gemüsebrühe
- Salz
- Pfeffer
- 125 g Schmand

1. Den Bärlauch waschen und in feine Streifen schneiden. Die Zwiebel hacken.

2. Bärlauchblätter und Zwiebel in der zerlassenen Butter andünsten. Mehl darüberstäuben und zu einer goldgelben Schwitze verarbeiten. Gemüsebrühe langsam angießen, umrühren und 10 min bei schwacher Hitze köcheln lassen.

3. Mit Salz und Pfeffer aus der Mühle abschmecken. Nach Belieben mit Schmand garnieren.

 Tipp

Einen Schluck Wasser im Mund zu halten, hilft gegen Tränen beim Zwiebelschneiden.

Hafer-Dinkel-Scheiben mit Brennnesselpesto, Tomaten und Hüttenkäse

Teig:

- 350 g Dinkelmehl
- 200 g kernige Haferflocken
- 1 Pk. Backpulver
- 1 EL Zucker
- 2 TL Salz
- 500 g Magerquark
- etwas Sprudel
- 1 Ei

Pesto:

- 2 Handvoll Brennnesseln frisch
- 100 g Olivenöl
- 25 g Cashewnüsse

- 250 g Kirschtomaten
- 1 Becher Hüttenkäse oder Ricotta

1. Dinkelmehl mit 150 g Haferflocken, Backpulver, Salz und Zucker vermischen. Quark, Sprudel und Ei hinzugeben und alles gut vermengen. Klebt der Teig noch, dann weiter Mehl hinzugeben.
Eine Kastenform mit Backpapier auslegen und den Teig hineingeben. Oben noch einmal mit den kernigen Haferflocken bestreuen und leicht festdrücken. Bei 200 °C im vorgeheizten Backofen ca. 25 min backen.

2. Für das Pesto Brennnesseln waschen und auf ein Küchenbrett legen. Mit einem Nudelholz über die Brennnessel rollen, so brennt die Brennnessel nicht mehr, danach grob schneiden. Brennnesseln, Nüsse und das Olivenöl mit dem Pürierstab zu einer cremigen Masse pürieren. Mit Salz und Pfeffer abschmecken.

3. Zum Schluss das lauwarme Brot aus der Form nehmen und in Scheiben schneiden. Mit dem Pesto bestreichen, dann teelöffelweise Hüttenkäse-Portionen darauf verteilen und mit Kirschtomatenhälften „krönen".

Klare Pilzsuppe

- 1 l kräftige Brühe (frisch oder instant)
- 60 g Butter
- 20 Champignons oder getr. Steinpilze
- 1 Zwiebel
- Salz
- Pfeffer
- Petersilie

1. Die Pilze putzen und in Scheiben schneiden. Die Zwiebel abziehen und in dünne Scheiben schneiden.

2. Nun die Butter in einem großen Topf zerlassen. Die Zwiebel und Pilze in der Butter scharf anbraten. Salz und Pfeffer dazugeben.

3. Mit 1 l Brühe ablöschen, die Suppe kurz aufkochen und 10 Minuten ziehen lassen. Kurz vor dem Servieren gehackte Petersilie darüberstreuen.

 Tipp

Will man Champignons in Scheiben schneiden, so verwendet man einen Eierschneider. So werden die Scheiben gleichmäßig.

Spanischer Tomatentopf

- 2 Knoblauchzehen
- 2 Bund Lauchzwiebeln
- Rapsöl
- 1,4 kg Paprika
- 800 ml Gemüsebrühe
- 1,6 kg Tomaten, passiert
- Salz, Pfeffer
- 5 Blätter Lorbeer
- 100 g Schnellkoch-Vollkornreis
- Mediterrane TK-Kräuter

1. Knoblauch und Lauchzwiebeln klein schneiden. In Rapsöl andünsten.

2. Paprika putzen, klein schneiden und mit andünsten. Mit Gemüsebrühe und passierten Tomaten auffüllen. Mit Salz, Pfeffer und Lorbeer würzen und ca. 5 min köcheln lassen.

3. Schnellkoch-Vollkornreis einrühren, alles ca. 10 min köcheln lassen, ab und zu umrühren. Eintopf nochmals abschmecken und mit gemischten Kräutern anrichten.

Kartoffelsalat im Oliven-Rucolabett

- 800 g kleine festkochende Kartoffeln
- 125 g Rucola
- 10 getrocknete, in Öl eingelegte Tomaten
- ½ Bund Schnittlauch
- 100 g schwarze Oliven (ohne Stein)

Für das Dressing:
- 1/8 l Orangensaft
- 4 EL Balsamico-Essig, hell
- 1 TL Dijon-Senf
- Salz, Pfeffer
- 8 EL Olivenöl

1. Die Kartoffeln waschen und in einen Topf geben. So viel Wasser angießen, dass die Kartoffeln gerade bedeckt sind. Das Wasser zum Kochen bringen und die Kartoffeln 25 bis 30 min garen. In ein Sieb abgießen und noch etwas dämpfen lassen. Noch heiß pellen und vierteln.

2. Für das Dressing den Orangensaft mit dem Essig, dem Senf, ½ TL Salz und Pfeffer verrühren, nach und nach das Olivenöl unterschlagen. Das Dressing mit den noch warmen Kartoffeln vermischen und zugedeckt durchziehen lassen.

3. Den Rucola verlesen und grobe Stiele entfernen. Die Blätter in reichlich kaltem Wasser gründlich waschen, trockenschleudern und nach Belieben in mundgerechte Stücke zupfen.

4. Die Tomaten auf Küchenpapier abtropfen lassen und in Streifen schneiden. Den Schnitttauch waschen, trockenschütteln und in Röllchen schneiden. Rucola, Tomaten, Schnittlauch und Oliven unter die Kartoffeln mischen.

⇒ Tipp:

Den Rucola erst so spät wie möglich untermischen, damit er nicht zusammenfällt.

Eintopf mit Dinkel und Möhren

- 200 g Dinkel
- 2 Stangen Lauch
- 2 Zwiebeln
- 600 g Karotten
- 2 Kohlrabi
- 300 g Knollensellerie
- 2 EL Butter
- 1 l Gemüsebrühe
- 2 EL Petersilie
- Salz, Pfeffer
- 3 EL Crème fraîche
- 6 EL Backerbsen

1. Den Dinkel mit Wasser bedeckt über Nacht quellen lassen. Am nächsten Tag den Dinkel mit dem Einweichwasser zugedeckt bei mittlerer Hitze 25 min garen. Lauch putzen, waschen und das Weiße und Hellgrüne in Streifen schneiden. Zwiebeln schälen und würfeln. Karotten, Kohlrabi und Sellerie schälen, waschen und in kleine Würfel schneiden. Dinkel abgießen und abtropfen lassen.

2. Das Gemüse in heißer Butter in einem Topf einige Minuten anbraten, dann den Dinkel unterrühren, die Brühe einrühren und alles zugedeckt ca. 15 min köcheln lassen. Mit Salz und Pfeffer würzen, abschmecken und die Crème fraîche unterrühren. Auf Teller verteilen und mit Petersilie und Backerbsen bestreut servieren.

6x

Gnocchi-Salat mit Thymian-Kräuterpesto

- 125 g Gnocchi
- 200 g Brokkoli
- Salz
- 50 g Tomaten, getrocknet, ohne Öl
- ½ TL Gemüsebrühe
- 1 Dose Thunfisch
- 1 gelbe Paprika
- 1 EL Kresse

Für das Pesto:
- 4 Handvoll frische Thymianblätter
- 10 EL Olivenöl
- 50 g kleingehackte Walnüsse
- 1 TL Salz
- ¼ TL Chilipulver
- 1 Knoblauchzehe

1. Gnocchi und Brokkoli jeweils in Salzwasser garen, abgießen und abtropfen lassen.

2. Getrocknete Tomaten in Brühe einweichen, abtropfen lassen und zusammen mit Paprika in Würfel schneiden. Thunfisch abtropfen lassen und mit einer Gabel leicht zerteilen.

3. Thymian mit Öl in einen Mörser geben und grob bearbeiten. Knoblauch zerdrücken und mit den restlichen Zutaten in den Mörser geben und feiner zerstampfen.

4. Gnocchi, Brokkoli, Tomaten, Paprika und je ein Teil des Pestos in einem Glas schichten. Oben mit der Kresse garnieren.

⇢ Tipp:

Pesto hält sich in einem sauberen, luftdicht verschlossenen Gefäß im Kühlschrank bis zu 10 Tage.

Dem Himmel näherkommen

Guter Gott, du bist die Quelle in der Wüste und gibst Leben auch im Verzicht.
Hilf mir, in den Tagen der Kargheit dir immer näher zu kommen.
In deiner Lebenskraft möchte ich deine Werke tun und
Kraft schöpfen für alle Aufgaben, die du mir gibst. Amen.

Rauchiges Wildkräutersüppchen

- je 1 halbe Handvoll Sauerampfer, Knoblauchsrauke, Giersch, Brennnessel, (Wiesen-)Kerbel, glatte Petersilie, Schnittlauch, Estragon, je gewaschen und fein geschnitten
- 1 Kopfsalat oder Rucola
- 400 ml Gemüsebrühe
- Salz, Pfeffer, Muskat
- 200 g Tofu Basilikum

1. Die fein gehackten Kräuter mit 2 EL Butterschmalz anbraten und mit etwas Brühe ablöschen. Dann mit der restlichen Gemüsebrühe aufgießen, mit Salz und Muskatnuss abschmecken, mindestens 20 min köcheln lassen. Zum Schluss wird der Salatkopf oder Rucola kleingeschnitten in die Suppe gegeben.

2. Den Tofu in Würfel schneiden und in einer Pfanne kurz und schnell anbraten. Beim Servieren über die Suppe geben und mit essbaren Blüten garnieren.

>>>> Tipp:

Wer den Geschmack von Sauerampfer mag, kann auch davon mehr als von den anderen Kräutern hineingeben und am Ende noch zur Verstärkung ein wenig saure Sahne oder statt des Tofu Speck zur Suppe geben.

Toskanische Brotsuppe

- 1 l Wasser
- 80 g Weizenbrot, altbacken
- 300 g Kartoffeln
- 140 g Staudensellerie
- 280 ml Tomaten
- 1 Knoblauchzehe
- 70 g Pecorino, gereift
- Olivenöl
- Salz
- Peperoncino

1. Kartoffeln schälen und in kleinere Stücke schneiden. Staudensellerie putzen und in schmale Ringe schneiden. Petersilie und Knoblauch waschen und hacken.

2. In einen großen Topf das Öl geben. Knoblauch, Kartoffeln, Staudensellerie, Tomaten und Petersilie in den Topf geben und mit dem Wasser auffüllen. Mit Salz und Peperoncino würzen. Ca. eine Stunde kochen lassen.

3. Das Brot in größere Stücke zerteilen und die letzten 5 min der Kochzeit mit in die Suppe geben.

4. Mit geriebenem Pecorino servieren.

Quinoa mit Bohnen und Gemüse

- 2 Zwiebeln
- 2 Knoblauchzehen
- 2 Paprika
- 500 g Quinoa
- Salz, Pfeffer,
  2 TL Kreuzkümmel,
  2 EL süße Paprika,
  2 TL Kurkuma
- 1 l Gemüsebrühe
- 250 g weiße Bohnen
- 800 g Tomaten, stückig
- 1 Zucchini
- 2 Handvoll Spinat, frisch
- 3 EL Balsamico-Creme
- Olivenöl

1. Zwiebeln und Knoblauch fein würfeln und in Öl anbraten. Paprika in feine Streifen schneiden und 2 min mitbraten.

2. Quinoa hinzufügen und ca. 1 min mitbraten. Paprika, Kurkuma und Kreuzkümmel hinzufügen.

3. Brühe zugeben und aufkochen. Tomaten zugeben. Alles zum Kochen bringen und ca. 10 min köcheln lassen. Mit Salz und Pfeffer abschmecken.

4. Zucchini in Scheiben schneiden, in den Topf geben und weitere 5 min köcheln lassen. Balsamico unterheben und Spinat zugeben. Sofort servieren.

Oster-Quiche mit Blauschimmel, Karotten und Erbsen

Boden:

- 250 g Vollkornmehl
- 100 g Weizenmehl
- 1 TL Salz
- 150 g kalte Butter
- 1 Eigelb
- Wasser, Pfeffer

Belag:

- 4 große Eier
- 3 Karotten
- 1 kleine Zwiebel
- 100 g Erbsen

Ei-Mischung:

- 300 g Hüttenkäse
- 100 g Blauschimmel
- 100 ml Milch
- 2 Eier
- Muskat, Salz, Pfeffer

- frische Petersilie, gehackt

1. Beide Mehlsorten mit Salz und Pfeffer vermischen, dann zügig Butterstücke und Eigelb einkneten. Mürbeteig für eine Stunde in den Kühlschrank legen.

2. Mürbeteig ausrollen und in eine ausgefettete Quicheform drücken. Ca. 15 min blindbacken.

3. Währenddessen 4 große Eier 5 min kochen. Abschrecken, schälen und beiseitestellen. Karotten sehr klein würfeln und wenige Minuten in der Pfanne mit den Zwiebelwürfeln anbraten.

4. Milch mit Eiern verquirlen und Hüttenkäse mit Blauschimmelkäse unterheben sowie abschmecken.

5. Möhren-Zwiebel-Mischung und Erbsen auf die Quiche geben, die Hüttenkäse Mischung obenauf geben. 20 min backen.

6. Die vorgekochten Eier halbieren und auf der Quiche verteilen. Nochmals 5 min backen. Mit frischer Petersilie bestreuen. Frohe Ostern!

Gemüse schonend garen

Gemüse hat viel zu bieten an Vitaminen, Nähr- und Ballaststoffen, die vom Körper gut verwertet und abgebaut werden können. Um dieses Plus von Gemüse aber zu erhalten, braucht es niedrigere Temperaturen und dadurch etwas mehr Zeit. Wann immer möglich, wechseln Sie bei Gemüse also zum Vorgang des Dünstens.

Das Garen auf niedriger Hitze mit idealerweise nur Wasser oder wenig Öl erhält alle guten Inhaltsstoffe. Beachten Sie bei mehreren Gemüsesorten unbedingt den Härtegrad. Die härtesten Gemüse benötigen eine längere Garzeit und können zuerst gedünstet werden. So hat am Ende alles den gleichen Garpunkt.

Gemüse blanchieren und einfrieren

Nicht immer sind im Supermarkt die exakten Mengen an Gemüse verfügbar, die Sie für Rezepte benötigen. So gibt es beispielsweise oft nur mindestens acht Stangen Staudensellerie oder 1 kg Möhren zu kaufen. Für einen wertvollen Umgang mit der Schöpfung und eine sinnvolle Bevorratung mit Gemüse eignet sich daher das Blanchieren. Hier wird rohes Gemüse durch kurzes Kochen haltbar gemacht. Härteres Gemüse, wie eben Möhren, schälen Sie, schneiden diese klein und garen sie dafür ca. 5 min in kochendem Salzwasser und gießen es dann ab. Wenn möglich, schrecken

Sie es so kalt wie möglich ab, es können sogar Eiswürfel verwendet werden, und geben es dann sofort in kleineren Portionen in Beuteln in den Gefrierschrank. Bei weicheren Gemüsesorten genügen auch 3 min Kochzeit. Zur Verwendung nach dem Blanchieren, tauen Sie das Gemüse am besten einige Stunden vor der Zubereitung auf. Es muss nicht mehr so lange garen, wie frisches Gemüse, alle Vitamine und Nährstoffe sind aber wie frisch enthalten. Blanchieren macht manche Gemüsesorten wie Stangenbohnen oder Grünkohl außerdem wesentlich bekömmlicher.

Spargel richtig lagern

Oft wird Spargel schnell im Kühlschrank zu Hause trocken, und auch bei grünem Spargel schneidet man große Stücke ab, die holzig erscheinen. Durch eine gute Lagerung nach dem Kauf können Sie möglichst viel vom Spargel für Ihr Gericht verwenden. Es gibt zwei Möglichkeiten. Klassisch wird der Spargel in ein sehr feuchtes Geschirrtuch gewickelt und dann noch einmal in ein nebelfeuchtes eingeschlagen. Achten Sie aber bei dieser Lagerung darauf, dass Sie die Tücher spätestens nach 3 Tagen erneuern und benachbarte Gemüsesorten nicht durch die hohe Feuchtigkeit schimmeln. Unkonventioneller, aber ebenfalls effektiv, ist die Lagerung von Spargel in einer Vase. Dafür stellen Sie diesen ähnlich wie Schnittblumen in eine ca. 2 cm mit Wasser gefüllte Vase. Dennoch sollte der Spargel möglichst kühl und dunkel stehen, damit er sich lange hält, auch hier das Wasser nach 2 Tagen wechseln.

Bibliografische Information der Deutschen Nationalbibliothek
Die Deutsche Nationalbibliothek verzeichnet diese Publikation in der Deutschen Nationalbibliografie;
detaillierte bibliografische Datensind im Internet über http://dnb.d-nb.de abrufbar.

Bildnachweis
Cover: © zarzamora/shutterstock (Foto); jukaspring/shutterstock (Illustration); S. 6: © stock.adobe.com/AVTG;
S. 10, 20: © Kiian Oksana/shutterstock; S. 11: © sarsmis/shutterstock; S. 12: © Rimma Bondarenko/shutterstock;
S. 13: © matka_Wariatka/shutterstock; S. 15: © zarzamora/shutterstock; S. 16: © JoannaTkaczuk/Fotolia;
S. 17: © FOOD-micro/fotolia; S. 18: © Brett/shutterstock; S. 19: © zia_shusha/Fotolia; S. 22: © stock.adobe.com/
nikolaydonetsk; S. 23: © MShev/shutterstock; S. 24: © stock.adobe.com/Dusan Zidar; S. 25: © Johanna Mühlbauer/
shutterstock; S. 26: © Natalia Klenova/fotolia; S. 27: © stock.adobe.com/pinkyone; S. 28: © KarepaStock/shutterstock;
S. 29: © Cesarz/shutterstock; S. 30: © Photo_ANIKA/shutterstock; S. 31: © mauritius images/foodcollection/Teubner
Foodfoto; S. 33: © Anna Shepulova/shutterstock; S. 34: © Oksana Mizina/shutterstock; S. 35: © ksena2you/shutterstock;
S. 36: © stock.adobe.com/Jan; S. 37: © stock.adobe.com/HLPhoto; S. 38: © PhotoSG/Fotolia; S. 39: © stock.adobe.com/
FomaA; S. 40: © inats/Fotolia; S. 41: © denio109/shutterstock; S. 43: © Julia Sememova/shutterstock; S. 44: © mauritius
images/Tilialucida/Alamy; S. 45: © ji_images/Fotolia; S. 46: © mauritius images/foodcollection_Maricruz Avalos Flores;
S. 48: © minadezhda/shutterstock; S. 49: © Yulia Davidovich/shutterstock.com; S. 51: © margouillat photo/shutterstock;
S. 52: © mauritius images/ Westend61/Harald Walker; S. 53: © nesavinov/shutterstock; S. 54: © Angela/fotolia;
S. 55: © vlasna/shutterstock; S. 56: © mauritius images/foodcollection; S. 57: © marco mayer/shutterstock;
S. 58: © pbd Studio/shutterstock; S. 61: © stock.adobe.com/Kurhan.

Wir danken allen Inhabern von Rechten für die Abdruckerlaubnis. Der Verlag hat sich darum bemüht, alle Rechteinhaber
in Erfahrung zu bringen. Für zusätzliche Hinweise sind wir dankbar.

Besuchen Sie uns im Internet:
www.st-benno.de

Gern informieren wir Sie unverbindlich und aktuell auch in unserem Newsletter zum Verlagsprogramm,
zu Neuerscheinungen und Aktionen. Einfach anmelden unter www.st-benno.de.

ISBN 978-3-7462-6106-5

© St. Benno Verlag GmbH, Leipzig
Umschlaggestaltung: Rungwerth Design, Düsseldorf
Zusammenstellung Claudia Michels, Leipzig
Gesamtherstellung: Arnold & Domnick, Leipzig